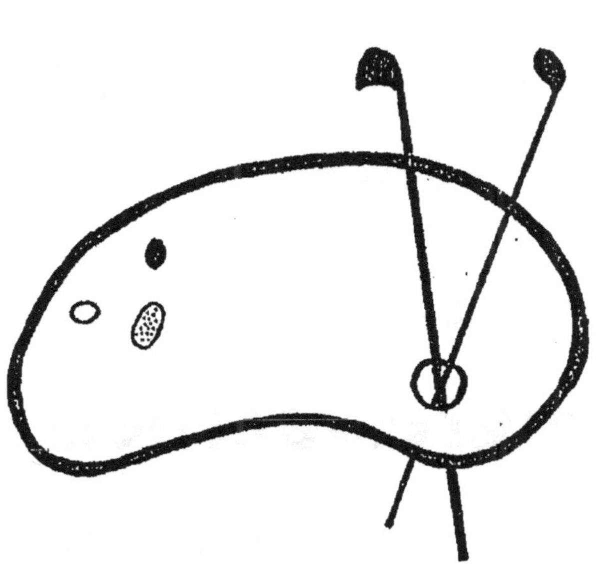

DEBUT D'UNE SERIE DE DOCUMENTS
EN COULEUR

APOLOGÉTIQUE GÉNÉRALE

André GODARD

Les Progrès actuels de l'Eglise

Petite Apologétique populaire

BLOUD & Cie

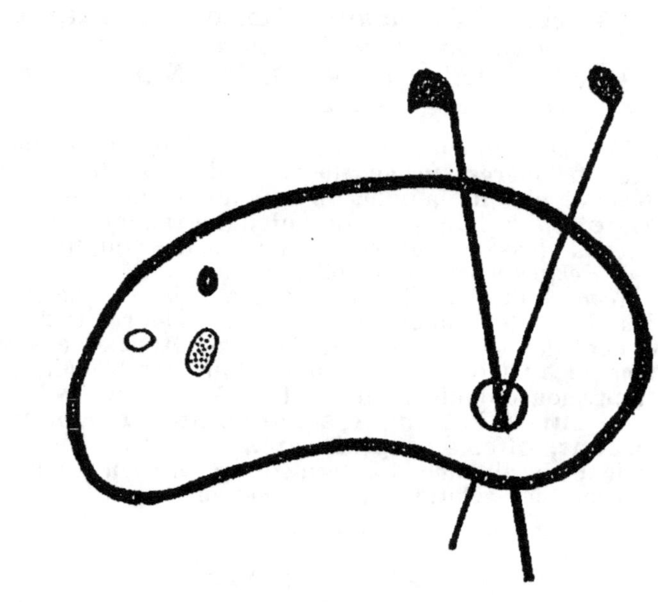

FIN D'UNE SERIE DE DOCUMENTS
EN COULEUR

LES PROGRÈS ACTUELS

DE L'ÉGLISE

MÊME COLLECTION

Aᴅʜᴇᴍᴀʀ (Vicomte R. d'), docteur ès sciences, professeur à l'Université catholique de Lille. — **Le Triple conflit.** — Sᴄɪᴇɴᴄᴇ, Pʜɪʟᴏsᴏᴘʜɪᴇ, Rᴇʟɪɢɪᴏɴ (347)............. 1 vol.

Bʀᴏɢʟɪᴇ (Abbé de). — **Les Relations entre la Foi et la Raison,** *Exposé historique. Préface* par le R. P. Augustin Lᴀʀɢᴇɴᴛ, de l'Oratoire, professeur à la Faculté de Théologie de Paris (188-189), 3ᵉ édit. 2 vol. Prix : **1 fr. 20**

Du même auteur. — **Les conditions modernes de l'accord entre la Foi et la Raison.** Préface par le R. P. Lᴀʀɢᴇɴᴛ, de l'Oratoire, professeur à la Faculté de Théologie de Paris (242-243), 3ᵉ édit. 2 vol. Prix........ **1 fr. 20**
Ces volumes ne se vendent pas séparément.

Dᴇɴɪs (Abbé). — **L'Apologétique historique au XIXᵉ siècle. — La critique irréligieuse de Renan.** *(Les précurseurs. — La Vie de Jésus. — Les adversaires. — Les résultats.)* (18), 6ᵉ édition............... 1 vol.

Fᴏʟɢʜᴇʀᴀ (R. P.), des Frères-Prêcheurs. — **L'Apologétique de Lacordaire** (348), 2ᵉ édition................ 1 vol.

Fᴏɴsᴇɢʀɪᴠᴇ (G.), directeur de la *Quinzaine*. — **L'Attitude du Catholique devant la Science** (29), 7ᵉ édit. 1 vol.

Du même auteur. — **Le Catholicisme et la Religion de l'esprit** (30), 4ᵉ édition.......................... 1 vol.

Du même auteur. — **Catholicisme et Libre Pensée.** (369)................................... 1 vol.

Fʀᴇᴍᴏɴᴛ (Chanoine G.). — **La Religion Catholique peut-elle être une science ?** (67), 3ᵉ édition........ 1 vol.

Lᴀɢᴜɪᴇʀ (Louis), professeur au petit séminaire de Cambrai. — **La Méthode apologétique des Pères pendant les trois premiers siècles** (373).................. 1 vol.

Sᴏʀᴛᴀɪs (G.), ancien professeur de philosophie à l'école Saint-Ignace, Paris. — **Pourquoi les Dogmes ne meurent pas** (309), 2ᵉ édition...................... 1 vol.

Vᴇʀᴅɪᴇʀ (F.), supérieur du grand séminaire de Montpellier. — **La Révélation devant la Raison** (69), 4ᵉ édit.. 1 vol.

LES PROGRÈS ACTUELS

DE L'ÉGLISE

PAR

André GODARD

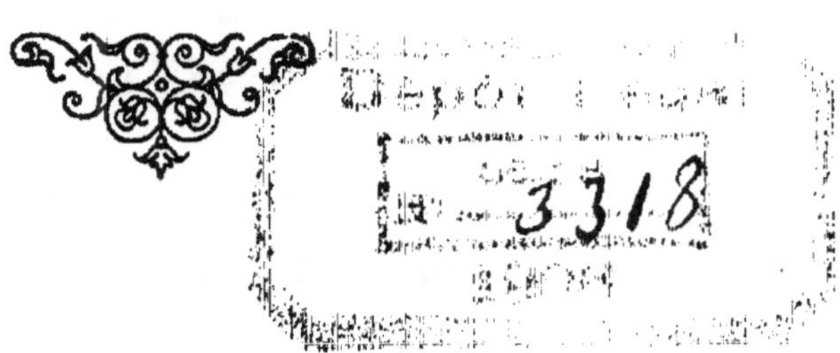

PARIS

LIBRAIRIE BLOUD & Cie

4, rue Madame, 4

1907

DU MÊME AUTEUR

AVERTISSEMENT

De récents événements ont démontré aux plus illusionnés des catholiques combien en France la religion garde aujourd'hui peu de racines dans le peuple. C'est une évangélisation à reprendre par la base.

Mais avant de chercher le remède il importe de déterminer les véritables causes du mal. Or, on ne comprend pas assez que la principale de ces causes n'est ni politique, ni sociale, ni même morale, mais intellectuelle. Le peuple s'éloigne de l'Eglise parce qu'il croit la religion fausse. Il la croit fausse parce qu'elle a été habilement attaquée et peu habilement défendue.

Ce ne sont pas les excellents apologistes qui nous manquent cependant, depuis Pascal et Joseph de Maistre jusqu'à l'abbé de Broglie et M. Brunetière. Ce qui nous manque, ce sont les vulgarisateurs de l'apologétique moderne. Personne, ou presque personne, ne riposte efficacement dans les tracts, les revues populaires et les journaux, aux perfides attaques qui, sous forme de chroniques historiques ou scientifiques, remplissent une presse matérialiste répandue jusque dans le dernier hameau.

Je me suis efforcé, dans les pages suivantes, de résumer les divers aspects sous lesquels l'apologétique moderne peut être utilement présentée aux esprits.

I

L'apologétique historique.

L'histoire étant la philosophie du peuple, l'impiété n'a rien épargné pour la travestir et s'en faire une arme. Elle y emploie aussi bien les baraques de la foire que les livres scolaires.

Rien de plus facile à défigurer qu'un fait historique, car ses causes et ses aspects sont multiples. Examinez par exemple la Révolution française : que de jugements contradictoires, et qui tous contiennent une part de vérité. Quel thème pour l'auréoler qu'un Marceau ! Quel thème pour la décrier qu'un Marat ! Il faut l'avoir longtemps scrutée, puis confrontée avec les Jacqueries anciennes et avec la Révolution anglaise, pour en dégager les causes prépondérantes. L'esprit de parti n'en cherche pas si long.

Il sera dès lors aisé à l'impiété de présenter notre Révolution comme l'émancipation de l'intelligence humaine. Quelques scandales ecclésiastiques généralisés, quelques affirmations sans preuves, quelques blasphèmes empanachés de formules scientifiques suffisent à la démonstration.

Lorsqu'elle n'est pas étouffée par les mensonges extérieurs, l'intuition populaire dégage souvent mieux que la critique des écrivains les leçons de l'histoire. Elle s'avisa tout de suite que le divorce de Napoléon allait entraîner sa perte.

C'est un dicton populaire : « A brebis tondue Dieu mesure le vent », qui constitue la meilleure réponse à l'un des plus angoissants problèmes, celui de la souffrance. Car, si la mort n'offre rien d'effrayant pour le philosophe spiritualiste, et si la douleur morale apparaît la condition nécessaire de notre perfectionnement, en revanche notre sensibilité s'effare devant l'horreur de certaines souffrances physiques. Or, le bon sens des simples s'est avisé que la Providence proportionne à la résistance individuelle la véritable sensation de la souffrance. Nous voyons les Sioux, les Annamites endurer sans une plainte des tortures dont la seule pensée nous fait frissonner. Il semble bien que les anesthésiques aient été providentiellement accordés à nos générations ultra-nerveuses. Et comment expliquer, sans une assistance immédiate de l'Auteur de la vie, la patience des martyrs chrétiens ou même le stoïcisme d'autres suppliciés. Cependant cette atténuation, hormis le cas plus manifestement surnaturel des martyrs, est rarement telle qu'elle puisse supprimer la culpabilité des bourreaux ou le mérite des hommes qui travaillèrent à abolir la torture. Ainsi Dieu sauvegarde la liberté humaine, tout en proportionnant les répercussions du mal que cette liberté doit entraîner.

L'idée d'équilibre et de compensations providen-
tielles est beaucoup plus évidente à travers l'histoire
que l'idée de progrès.

La torture, absente de l'*Iliade* et des vieux poèmes
de l'Inde, se révèle le fruit des civilisations corrom-
pues. En Europe, c'est la Renaissance qui a inventé les
pires supplices. Ceci réfute l'utopie d'un progrès inin-
terrompu de l'humanité. D'ailleurs l'Asie, après avoir
enfanté les plus nobles races, a vomi au ve siècle
les Barbares. Qui osera soutenir la continuité du
progrès, en présence des fellahs successeurs des
sages Egyptiens, ou en présense des Persans actuels,
héritiers de ces Babyloniens qui édictaient, il y a
quatre mille ans, l'admirable code d'Hammourabi ?

Ce code, qui place au premier rang des crimes le
sacrilège, le blasphème, puis l'adultère, semblerait
fort arriéré à nos prôneurs de morale laïque. Il découle
de la Révélation primitive ; il a précédé peut-être les
lois de Moïse, ce rappel divin d'universelles vérités.

La Providence, en adaptant Israël aux destinées
messianiques et en lui confiant le dépôt central des
lois divines, n'a pas, pour cela, laissé les autres peuples dans de complètes ténèbres spirituelles. L'idolâtrie, venue sur le tard, et peu à peu, n'a jamais
étouffé toutes les lueurs. Et partout cette idolâtrie fut
précédée par le culte pur de la Divinité.

Les mythologies ne sont que des altérations, natura-
listes ou démoniaques, de l'universelle religion. « On

« se trompe gravement sur la nature humaine, observe
« Fustel de Coulanges, si l'on suppose qu'une reli-
« gion puisse s'établir par convention et se soutenir
« par imposture. »

Encore moins pourrait-on prétendre que les mythes
ont précédé les dogmes. Max Müller déclare le
monothéisme antérieur à tous les polythéismes.

Le Judaïsme, puis son couronnement, le Christianisme, offrent le seul exemple d'une religion qui se
développe sans s'altérer. Grande preuve de sa vérité
intégrale. Supprimez l'assistance divine, les théologiens eussent tôt fait d'introduire des naïades et des
demi-dieux.

———————

Ne persiflons pas la crédulité des Anciens. Les mé-
tamorphoses d'Ovide renferment de très hautes leçons
morales, d'innombrables souvenirs de la création, de
l'Eden, du déluge, et nulle part rien d'aussi burlesque
que les divagations actuelles du transformisme. La
métamorphose de Procné en hirondelle est plus poétique, et n'est ni plus ni moins absurde que celle d'un
gorille en Hottentot. Et je préférerais encore croire
aux Muses, inspiratrices de l'Homère traditionnel,
qu'au syndicat de rhapsodes, qui, selon la critique
allemande, composèrent au petit bonheur un amas de
chants, lesquels se trouvèrent un jour constituer par
hasard l'*Iliade* et l'*Odyssee*.

On pourrait diviser les religions non chrétiennes en
deux séries : celles où l'emporte l'élément divin du
Jovisme ; celles où l'emporte l'élément démoniaque du

Dyonisisme. Il faut rattacher à celles-ci les cultes ophiques. L'adoration du serpent caractérise les religions les plus atroces et les plus dépravées de l'Antiquité, celles notamment de cette race chananéenne, maudite à chaque page de la Bible.

Les mythologies solaires reposent sur l'identification de la Divinité avec un symbole matériel, l'astre bienfaisant. Mais, plus on remonte haut dans l'antiquité orientale, plus le symbole apparaît à l'origine un simple symbole, et non l'objet spirituel du culte.

* * *

C'est une des principales conquêtes de la théologie contemporaine, que d'avoir substitué à l'idée de religions *fausses* l'idée de religions *dérivées*.

Il n'a jamais existé, en réalité, plusieurs religions, mais seulement de multiples déformations de la religion. Les idolâtries se réduisent initialement à des hérésies. Si loin que l'esprit humain finisse par s'écarter de son centre spirituel, il n'en est pas moins toujours parti de ce centre unique.

Le brahmanisme est rempli des épaves de la Révélation primitive, de même que l'islamisme est un pastiche de la Révélation mosaïque. Avec les mythes aryens, dépouillés de leur apport satanique et de leur apport naturaliste, on reconstituerait toute la théologie. La Grèce est partagée entre le Jovisme, souvenir à peine voilé de la Divinité, le culte démoniaque de Bacchus, et les fables poétiques analogues à nos contes de fées.

Lorsque les images et les mythes achèvent d'étouffer les vérités divines en Grèce, le ciel y suscite les grands Tragiques, dont le théâtre est un sermonnaire, et les philosophes spiritualistes, Socrate, Platon, Aristote.

Rome, autant qu'Athènes, conserva, sous les mensonges et les insanités de la mythologie, l'idée de Dieu tout-puissant *(pater hominumque deumque)* et celle de l'immortalité de l'âme humaine. Parfois Cicéron parle de Dieu comme Bossuet. Virgile relate les anciennes prophéties messianiques de la gentilité ; il peint un ciel, un enfer, un purgatoire, et jusqu'aux limbes des petits enfants. Tacite enregistre les prophéties annonçant que le salut viendrait de la Judée. Ovide décrit une création, une chute, un déluge, paraphrase exacte de la Genèse. Certains de ses vers complètent même Moïse, nous apportent des explications que nous cherchions, et révèlent ainsi la persistance des traditions religieuses à travers le paganisme.

Quant aux peuples de l'Orient, ils conservèrent plus intact encore les dépôts des vérités primitives. Je ne saurais résumer ici les innombrables traditions qui, des Mexicains aux Chinois, de la Gaule antique à l'actuelle Polynésie, retracent, partout et toujours dans l'humanité, les indestructibles souvenirs de la Révélation primitive, les dogmes fondamentaux du spiritualisme, et la promesse d'un Messie.

Dans l'attente des réalisations messianiques, il fallait au monde un foyer central où la lumière spirituelle se conservât. La Providence choisit le moyen le plus manifestement surnaturel. Elle confia la Loi et l'Arche au peuple le plus dur, le plus enclin vers l'idolâtrie et le matérialisme. Elle en tira les prophètes et les saints de l'ancienne Loi. La vérité intégrale devint le dépôt des grossiers Hébreux, non des sages Egyptiens, comme si la lumière de la raison naturelle était relativement suffisante pour ceux-ci. De même verrons-nous nos plus merveilleuses cathédrales, Bourges, Chartres, surgir au triste pays des fabliaux, non pas dans l'amoureuse Provence ou la poétique Bretagne.

Toutes les attaques du rationalisme, aux diverses époques, contre la vérité de la Bible ont tourné à l'avantage de celle-ci. Benjamin Constant observe que « pour s'égayer avec Voltaire aux dépens d'Ezéchiel « ou de la Genèse, il faut réunir deux choses qui « rendent cette gaîté assez triste : la plus profonde « ignorance et la frivolité la plus déplorable. »

Mais l'on ne comprend rien à la moralité de la Bible si l'on n'y distingue pas le document théologique, où éclate la sainteté des révélations divines, et le document historique, où fourmillent les crimes d'Israël et des peuples voisins.

Les rationalistes que choquent les terribles vengeances du ciel (déluge, fin de Sodome, etc.) réfléchissent-ils à ce que peut entasser d'horreurs tout un peuple de Nérons ou de Gilles de Retz, puis au peu d'importance des plus grandes expiations terrestres en comparaison de la justice d'outre-tombe ? D'ailleurs la loi de crainte a précédé la loi d'amour, pour l'humanité déchue comme pour chaque âme. Cependant Dieu ne change pas. L'Ancien Testament relate les tendresses divines à l'égard des justes, même étrangers à Israël ; et l'Évangile prédit l'effroyable destruction de Jérusalem par Titus, la dispersion des Juifs, collectivement déicides.

L'expiation collective terrestre laisse libre la destinée spirituelle des individus. La réprobation d'Israël n'empêche pas que beaucoup d'Israélites aient été ou soient des justes. Plusieurs même se sont convertis et sont devenus nos meilleurs apologistes, tels Ratisbonne, Drach, Liebermann. L'ancienne doctrine secrète de la Synagogue et les modernes talmulds, que divers rabbins convertis ont confrontés avec l'Évangile, révèlent l'identité complète de la théologie de l'Ancienne Loi avec la théologie chrétienne, notamment au sujet du dogme de la Trinité divine.

En même temps, la philologie orientaliste nous manifeste de plus en plus les réverbérations de la vérité religieuse chez les peuples de l'antiquité, jadis confondus sous l'étiquette de payens. Puis l'égyptologie et l'assyriologie nous ont révélé, non seulement la minutieuse exactitude des récits de la Bible, mais encore l'immense pénétration de la théologie et de la morale du peuple élu à travers le monde ancien.

Tous ces apports de la science moderne sont providentiels. D'abord ils arment l'exégèse orthodoxe contre les négations des sophistes. Ensuite ils portent le coup suprême au jansénisme doctrinal, en obligeant la théologie à constater l'universalité de la Grâce, et la possibilité du salut individuel, lorsque l'erreur n'est pas volontaire. L'idolâtre, l'hérétique de bonne foi n'apparaissent plus des réprouvés, mais des indigents spirituels à qui sont fournies par la Providence les grâces compensatrices nécessaires à l'accomplissement de leur vocation, ainsi que l'avaient enseigné saint Paul et les Pères de l'Eglise, commentant ces mots du Christ : « J'ai d'autres brebis qui ne sont pas de ce bercail. Mais il n'y aura plus qu'un bercail et qu'un troupeau. » C'est à cette union de tous les peuples dans la vérité que tend la constante extension de l'Eglise sur le globe.

—————

La grâce perfectionne la nature. Le christianisme surélève l'âme juste. Mais la loi morale est universelle. La lutte du bien contre le mal trouve dans le christianisme un plus haut terrain d'exercice ; elle ne change pas de caractère. Platon, après les sages de l'Inde, définit contre le rhéteur Gorgias, que l'ordre produit la justice, vrai fondement du bonheur, et que dans le cas où l'on est sorti de l'ordre, le plus grand bien est d'y rentrer par le châtiment. L'Évangile ne dit pas autre chose ; il pose seulement un plus manifeste sceau divin sur le code de la conscience humaine, et il précise de nouveaux devoirs, résultant d'une plus intime relation de l'âme avec Dieu.

—————

La liberté de la conscience s'accroît à proportion de son élévation. C'est pourquoi la vérité intégrale du christianisme, et spécialement du catholicisme, rencontre beaucoup plus d'incroyants que les vérités diminuées des autres religions. Il faut attribuer aussi ce phénomène à l'acharnement spécial du démon contre l'Église du Christ.

Mais il faut se garder néanmoins de mépriser la crédulité des idolâtres. Sans de véritable miracles, destinés à maintenir la foi à un spiritualisme quelconque, et sans des prestiges démoniaques destinés à perpétuer l'erreur, les peuples anciens n'eussent jamais cru avec tant d'ensemble, ni aux vérités du Jovisme, ni aux mensonges du polythéisme.

Toutefois, c'est à son complet état de pureté, c'est-à-dire dans le catholicisme, qu'il faut étudier l'acte de foi. Le sceptique Montaigne reconnaît lui-même que « la marque spéciale de notre vérité, c'est notre vertu ». L'Évangile enseigne que « qui *fait la vérité* parvient à la lumière ». Il existe certainement une action réciproque de l'intelligence et de la volonté l'une sur l'autre. La pureté des mœurs mène à la foi, et la foi entretient la pureté des mœurs. Toutefois les liens qui nous rattachent à la Divinité sont tellement souples, la liberté de l'homme et la miséricorde divine multiplient tellement les situations morales, que l'on peut voir d'honnêtes athées et la foi survivante en des cœurs vicieux. Mais ces anomalies ne changent rien à la généralité de cette loi que l'incroyance intellectuelle provient moins du manque de lumière exté-

rieure que de la cécité de l'œil. Sénèque proclamait
déjà que notre mal moral n'est pas au dehors, mais au
dedans de nous-mêmes. Ce philosophe payen a reconnu d'avance l'utilité de la confession. Platon avait
dit avant lui : « Si l'on a commis une injustice, il faut
aller se présenter là où l'on recevra au plus tôt la
correction convenable, de peur que la maladie venant
à séjourner dans l'âme, n'y engendre une corruption
secrète. » On voit que Dieu n'a jamais laissé l'humanité sans quelque secours. Les philosophes étaient
les théologiens de l'antiquité.

Tout n'était pas vice chez les payens. Tout n'est pas
vertu chez les chrétiens. La vérité religieuse n'est point
une amulette qui assure le salut, mais un code d'o-
bligation morale supérieure. Plus la grâce offerte
est élevée, plus l'endurcissement des pécheurs sera
grave. Aussi l'histoire des peuples chrétiens com-
porte-t-elle d'aussi grands crimes, sinon pires, que
celle des peuples anciens. L'abbé de Broglie blâme
les niais apologistes selon lesquels tous les gens
d'Eglise furent impeccables, tous les peuples catholiques invariablement justes et prospères. Dieu n'a
pas besoin de nos mensonges. Il a montré d'ailleurs
par de terribles vengeances qu'il réprouve par-dessus
tout les crimes commis par ceux qui s'abritent de
masques religieux.

Mais les crimes de quelques pécheurs, les abus de
quelques pharisiens n'enlèvent rien à la sainteté géné-

rale de l'Eglise, et n'empêchent pas le christianisme d'être partout synonyme de progrès social. Que de calomnies les historiens n'ont-ils pas accumulées contre les prêtres, les ordres monastiques, les princes chrétiens ! Si les serpents savaient peindre, ils ne représenteraient pas d'hommes mordus par les vipères, mais de malheureuses vipères écrasées par les hommes. Voilà l'histoire du Moyen-Age selon les libres-penseurs. L'on s'indignerait moins contre l'Inquisition, si les effroyables atrocités des Albigeois, des Juifs, des Huguenots n'étaient pas systématiquement laissées dans l'oubli. Il est certain, par exemple, que sans la croisade de Simon de Montfort, l'Europe serait tombée depuis longtemps au-dessous de l'Islam.

L'Apologétique scientifique.

Il serait temps d'installer la Science à sa place exacte. Tandis que des théologiens arriérés affectent plus d'intérêt pour de misérables syllogismes que pour les expériences de Pasteur, on voit, à l'inverse, une foule hypnotisée par le demi-savant comme les sauvages par le magicien, et qui suppose le Créateur supprimé parce qu'on a découvert le téléphone. Le physicien remplace Dieu ; le chimiste promulgue la morale. La science s'est même chargée d'assouvir notre besoin d'immortalité, puisque la découverte du radium parut à un Américain une garantie contre le refroidissement final du système solaire. A vrai dire, les individus n'en mourraient pas moins ; ils survivraient seulement dans une postérité illimitée. Mince consolation, si ce n'est pour les Zola et les Goncourt que terrifiait la perspective d'un cataclysme cosmique qui abolît leurs livres et leurs lecteurs.

L'aventure de ce radium, qui renversa subitement tout un lot d'axiomes physiques réputés inattaquables, doit enseigner la modestie à la science ; mais elle ne doit pas servir à l'ignorance systématique de prétexte pour triompher. La science est bonne en elle-même, car elle émane de Dieu, comme tout ce que nous possédons. Ici comme ailleurs c'est l'abus, non l'usage, qu'il faut condamner. La science reproche légitimement aux théologiens d'être intervenus dans ses affaires au temps de Galilée ; mais le savant doit éviter à son tour d'envahir le domaine des vérités morales. A chacun sa compétence et sa mission.

Sans remonter jusqu'à Aristote, lequel place l'existence de Dieu et la spiritualité de l'âme au sommet de la science, tous les grands initiateurs des sciences modernes furent des hommes religieux. Colomb découvre le Nouveau-Monde afin d'ouvrir des voies à l'Evangile ; Gutenberg imprime d'abord la Bible ; Bacon écrit : « L'explication de la nature par les causes « physiques ne supprime pas Dieu et la Providence. « Au contraire, les philosophes qui découvrent ces « causes ne trouveraient pas le dernier mot de cette « explication, s'ils ne le rencontraient en Dieu. »

Le rénovateur de l'astronomie est un théologien, Copernic. Pascal découvre en passant la mécanique, mais il tend toute sa pensée vers la démonstration de la vérité chrétienne. Newton songe avec extase qu'il « repense les pensées de Dieu », et proclame l'équilibre des mondes incompréhensible sans une Providence continuelle. Linné dédie son système de la nature « au Dieu éternel, infini, omniscient, toutpuissant ». Frédéric Bastiat écrit : « Il n'est pas vrai « qu'à mesure que la science avance, Dieu recule.

« Bien au contraire, ce qui est vrai, c'est que l'idée
« de Dieu grandit dans notre intelligence. »

Parmi les fondateurs de la chimie organique, Chevreul est un chrétien, et Liebig repousse ainsi le matérialisme : « Plus la chimie me prouve que je suis
« matériellement semblable à l'animal, plus elle m'o-
« blige de rapporter à un principe différent mes éner-
« gies si variées et tellement supérieures aux siennes. »

Pasteur a réfuté expérimentalement diverses hypothèses matérialistes, celle par exemple de la génération spontanée. En s'abîmant dans le monde minuscule des germes, sa pensée ne peut se détacher des réalités supérieures. « Celui, dit-il, qui proclame l'existence
« de l'infini, et personne ne peut y échapper, accumule
« dans cette affirmation plus de surnaturel qu'il n'y en
« a dans tous les miracles, car la notion de l'infini a ce
« double caractère de s'imposer et d'être incompré-
« hensible. Quand cette notion s'empare de l'enten-
« dement, il n'y a qu'à se prosterner. »

Le XIXᵉ siècle a accumulé de prodigieux éléments d'enquête philosophique. Les esprits droits, comme Joseph de Maistre, ont demandé à la science la confirmation des grandes vérités morales. Les orgueilleux que hante la haine de Dieu, et qui préfèrent devoir leur origine à un singe qu'à un Créateur, se sont efforcés de tirer de quelques faits certains des conclusions fausses. Voyez ce qu'ils ont voulu conclure par exemple de la loi de gradation, puis de celle de l'évolution d'un identique. Linné observait très justement : « La nature ne fait point de sauts. Toutes les plantes « sont liées par des affinités. » Et Jussieu découvre dans la botanique le principe de la subordination et de l'inégale valeur des espèces. Il est certain d'autre part que l'espèce est parfois susceptible de variations. Or, de ces vérités Darwin a tiré l'erreur transformiste.

Quelques catholiques ont le tort de prétendre accorder le transformisme avec la Bible, comme si cette monstrueuse utopie n'était pas avant tout antiscientifique. A quel naturaliste digne de ce nom fera-t-on jamais accroire que dans un îlot reconnu désert les hommes qu'on y retrouverait plus tard ne seraient que des coquillages transformés ! L'influence du climat peut modifier la couleur ou les dimensions d'une espèce ; elle ne métamorphosera jamais un herbivore en carnassier, une pie en vautour, une grenouille en hippopotame. Quant à la sélection, elle ne s'exerce jamais au delà d'espèces du même genre, et là même elle n'aboutit qu'à quelques hybrides, tantôt inféconds, tantôt souches d'une race qui retourne finalement à l'un des types primitifs. C'est le cas des alliances, d'ailleurs extrêmement rares, et peut-être sans exemple à l'état libre, entre lièvre et lapin, chardonneret et serin. Jamais l'hybridation n'a existé d'un genre à l'autre, par exemple entre un lapin et un chat, ni, *a fortiori*, entre animaux d'ordres différents comme seraient un oiseau et un reptile. Il ne sert de rien ici d'invoquer des siècles innombrables ; c'est multiplier toujours zéro.

En démontrant l'inexistence de la génération spontanée, Pasteur a confirmé le vieil adage : « Rien ne sort de rien, » et prouvé que l'acte créateur fut initial et unique, perpétué seulement ensuite par les lois génératives. Après la création du premier couple humain plus rien de nouveau n'apparaît sur le globe, hormis quelques variétés d'un même type. Aussi loin que l'on remonte dans l'iconographie ou dans la géologie, l'on retrouve, soit des espèces disparues sans changement, soit une faune ou une flore identiques à celles d'aujourd'hui.

Aux conclusions fausses tirées de la lutte pour la vie, la science vraie substituera la loi providentielle de l'équilibre numérique des espèces. Rien de plus admirable que l'exacte proportion de la fécondité avec les chances de destruction. Sans cet équilibre prévu par le Créateur, c'est en effet la lutte pour la vie qui eût triomphé ; une ou deux grandes espèces eussent promptement anéanti les autres, puis eussent elles-mêmes succombé de faim. Les rapaces pondent deux ou trois œufs, la mésange une vingtaine, les insectes plusieurs centaines. Observez aussi une intentionalité relative à l'homme, dans l'exceptionnelle fécondité des animaux destinés à sa nourriture, tels les galinacés. Mais l'homme transforme l'usage en abus. Destiné à régner sur la terre, il s'y fait tyran. Il massacre des oiseaux créés pour embellir la nature ou combattre les insectes. L'on a été jusqu'à voir, en 1880, une assemblée d'énergumènes, le conseil général des Bouches-du-Rhône, proscrire comme nuisibles les hiron-delles, dans une contrée infestée de dangereux mous-tiques, seule nourrirure de ces charmants passereaux.

Oiseaux et fleurs, forêts et lacs, magie multiple des paysages, décors mêlés sans cesse à nos mélancolies et à nos joies, à nos affections et à nos prières, reste de l'Eden ! Là nous devions vivre d'une béatitude an-ticipée, si la bonté providentielle n'eût échoué dès l'origine devant la perversité de notre libre arbitre. Désormais il faudra conquérir le Ciel au prix des efforts et des larmes, au prix surtout des mérites, in-finiment réparateurs, du Verbe qui s'abaissa jusqu'à notre similitude afin de consommer l'amour dans le sacrifice.

Comment l'orgueil de l'homme, l'aveuglant sur ses hautes destinées, l'a-t-il porté jusqu'à s'avilir au point de se comparer « à un bétail dénué de raison » selon l'énergique expression du prophète ? Même en omettant notre vocation surnaturelle, il resterait encore assez pour nous différencier des animaux. Quoi, l'être qui a mesuré la terre et les astres, proclamé partout la loi morale, renouvelé le monde par son industrie et ses arts, écrit les drames de Sophocle et sculpté le Par-thénon, ne serait qu'un gorille dégrossi ! La vérité, c'est que l'homme, infidèle à ses appels supérieurs, peut se ravaler par ses vices au-dessous de la brute.

A défaut même de la raison, la science suffirait

encore à creuser le fossé entre l'homme et la bête. Daubenton, Cuvier proclament qu'en anatomie comparée il faut d'abord placer l'homme en dehors du règne animal. D'irréductibles différences de structure interne nous séparent des singes supérieurs. Mais surtout Buffon observe ceci :

« Quelque ressemblance extérieure qu'il y ait entre
« le Hottentot et le singe, l'intervalle qui les sépare
« est immense puisqu'à l'intérieur il est rempli par la
« pensée, et au dehors par la parole. »

Et il ajoute, réfutant l'erreur polygéniste :

« Puisque tous les hommes peuvent communiquer
« et produire ensemble, tous viennent de la même
« souche. »

Blumembach reconnaît cette unité d'origine dans la race humaine, partagée en cinq grandes variétés. Cuvier, plus conforme avec la Bible, admet trois races types : la caucasique (Japhet), la mongolique (Sem), l'éthiopique (Cham). Mais ces rameaux se sont subdivisés en une multitude de branches secondaires.

Aujourd'hui encore, des races se forment sous nos yeux. Les Turcs et les Cosaques, issus de la même famille Tartare, sont désormais très différenciés.

Le climat, la nourriture influent sur la pigmentation de la peau et sur le tempérament. Mais plus prépondérante est l'action morale ; certaines races s'élèvent, d'autres se dégradent. L'altération physique suit l'altération mentale, résultat elle-même de l'altération morale. L'universelle loi de gradation peut aussi faire admettre des races presque originairement inférieures.

Toutefois aucune collectivité humaine ne dégénère jusqu'à l'animalité. Les plus grossières tribus de nègres ont produit des inventeurs, des chefs de guerre, des poètes, des hommes d'Etat (Saint Domingue). Toutes reconnaissent une catégorie quelconque de surnaturel, et la plupart un Dieu supérieur aux esprits. Le mélange de sang a produit parfois d'éminentes personnalités, tel le général Dumas, père du romancier. Tirdemann reconnaît la capacité cranienne du nègre comme égale à la nôtre.

———

Plus la science progresse, plus elle nous débarrasse des objections de l'athéisme, et confirme les traditions religieuses. Le déluge, dont riait Voltaire, est devenu un fait d'expérience géologique. Cuvier conclut :

« Je pense que, s'il y a quelque chose de constaté
« en géologie, c'est que la surface de notre globe a été
« victime d'une grande et subite révolution, dont la date
« ne peut remonter au delà de cinq ou six mille ans ;
« que cette révolution a enfoncé et fait disparaître le
« pays qu'habitaient auparavant les hommes ; qu'elle
« a au contraire mis à sec le fond de la dernière mer
« et en a formé les pays aujourd'hui habités ; que c'est
« depuis cette révolution que le petit nombre des in-
« dividus épargnés par elle se sont répandus et pro-
« pagés. »

La préhistoire, dont on a mené d'abord grand tapage contre la Bible, ne fait pourtant que commenter le tableau où Moïse nous montre Adam et Ève sor-

tant de l'Éden, vêtus de tuniques de peaux. Voilà
l'homme primitif. Il a le même vêtement extérieur, et
aussi la même mentalité, que les Gètes décrits par
Ovide et que nos automobilistes. Peu à peu l'homme
invente la flèche, la roue, la hache en silex, ce qui
suppose moins de découvertes antérieures, mais tout
autant d'intelligence que la découverte de l'imprimerie
ou celle du téléphone. Certaines tribus chasseresses
s'immobilisèrent dans ces arts grossiers, tandis que les
autres fondaient la civilisation progressive. Mais les
plus antiques sépultures attestent une pensée spiritualiste, et il n'y a rien dans tout cela qui ressemble à
l'immuable instinct du gorille.

Les sciences morales reprennent la démonstration
apologétique au point où la laissent les sciences de la
matière.

L'un des maîtres de l'économie politique, Le Play,
conclut avec les philosophes religieux :

« La vie présente est le poste où nous devons
« gagner notre classement dans la vie future. »

Une sérieuse philosophie de l'histoire démontre
qu'en ce monde, sur la sphère vertigineuse où s'agitent
tant de vanités éphémères, les châtiments et les récompenses atteignent les collectivités humaines, non sus-
ceptibles de la rétribution posthume, autrement grave,
réservée aux âmes individuelles. Les sociétés qui
n'obéissent pas spontanément au décalogue éternel y
sont ramenées par la force.

« La nature, observe Paul Bourget, a toujours le
« même procédé pour annoncer un danger à la vie ;
« elle l'avertit par la douleur. Cet enseignement se
« produit dans l'ordre social comme il se produit dans
« l'ordre physique. »

L'auteur d'*Un divorce*, psychologue ramené à la foi
par l'observation des réalités sociales, reprend, après
Bonald et Maistre, cette haute idée de l'expiation
réparatrice, qui s'impose au médecin comme au ma-
gistrat et au prêtre, au législateur comme au moraliste.
Si nos fautes seules sont justiciables de la rétribution
posthume, nos erreurs mêmes peuvent provoquer des
châtiments terrestres. Voilà ce qu'ont très bien su les
Tragiques grecs. Limitée à ce monde, leur théorie de
la fatalité est véridique. Et ils ont aussi compris que
la Némésis temporelle ne saurait se confondre avec
la Justice intégrale qui rétribue, après l'épreuve terrestre, le crime et la vertu.

Dès lors apparaît cette grande loi que, *si l'ignorance religieuse ou morale peut excuser les âmes
devant Dieu, elle déchaîne néanmoins sur une société
les fléaux.* Tout se paie. Les fautes des pères ou leurs
mérites rejaillissent sur leur postérité. Le péché
originel n'est que l'application spirituelle de la loi
d'atavisme, de même que la Rédemption est une application divine de la loi de solidarité humaine.

III

L'Apologétique rationnelle.

Si Leibnitz et Kant ont ouvert des voies nouvelles à l'explication de certains dogmes chrétiens, le spiritualisme général semble au contraire peu susceptible de progrès du côté de la raison pure. Il est fort douteux que l'on puisse ajouter désormais aux preuves de l'existence de Dieu et de l'immortalité de l'âme données par les anciens philosophes de l'Inde et de la Grèce, ou par les théologiens scolastiques.

Et même le Christianisme a trop fait pâlir les foyers inférieurs de vérité, pour que l'on rencontre à l'avenir, hors de lui, d'aussi lucides démonstrateurs du spiritualisme qu'Aristote, d'aussi intuitifs révélateurs de l'essence divine que Platon. Caro, notre plus grand philosophe spiritualiste, était un chrétien. Aucun déiste, ni Cousin, ni Jules Simon, ne s'est élevé jusqu'aux nobles pages de l'*Idée de Dieu*.

Aujourd'hui, d'ailleurs, l'apologétique des faits prévaut sur celle de la raison pure. C'est à la psychologie, à la sociologie, au surnaturel expérimental, que les nouveaux défenseurs de la vérité religieuse empruntent de préférence leurs arguments. Toutefois, les idées elles-mêmes se rattachent au grand domaine des faits. On ne saurait dissocier entièrement l'apologétique scientifique de l'apologétique rationnelle. L'un des plus récents essais de synthèse est celui d'un Allemand, le docteur Ascher. Voici quelques traits de son enquête inductive sur les vérités spiritualistes :

M. Ascher nous met en garde contre ceux qui se moquent du pessimisme ; ils n'ont pas réfléchi sérieusement sur la vie ; cependant celui qui considère l'exercice de la vertu comme notre meilleure raison de vivre trouve dans la vie une source intarissable de joies. Mesurer les choses à leur juste valeur, c'est tout l'art de vivre ; de là dépend le vrai bonheur. Celui qui s'efforce de mesurer les choses à leur juste valeur, ne jouit pas seulement des premières saisons de la vie, du printemps et de l'été, mais encore de l'automne et de l'hiver. Le vieillard aussi a ses joies ; personne ne connaît la vie comme lui ; personne ne goûte la vérité si profondément ni si vivement. Si Dieu a eu pitié de nos contradictions et de notre ignorance, pourquoi refuserions-nous de croire à la *Révélation ?* Heureux celui qui croit en Dieu ! Croyance religieuse, croyance morale, croyance scientifique, la croyance est au fond de toutes nos explications. Le mal existe, mais il est un aiguillon de notre charité ; le monde est imparfait, mais notre volonté libre tend au Parfait, au Divin. L'insensé considère comme une contrainte l'obligation d'obéir aux lois de la logique et de la morale ; le sage sait que la fin de l'intelligence est la vérité ; la fin de la volonté, le bien. Celui qui cherche la vérité et la justice combat pour la liberté. Ni les hypothèses scientifiques, ni les inventions du machinisme ne nous apprennent à vivre ; la science ne s'adresse qu'à l'esprit ; seule la religion sait apaiser la faim des âmes. Dieu est sensible au cœur ; il est le modèle de toute vertu et la source de tout ordre moral ; faire le bien, c'est imiter Dieu. L'immortalité est-elle plus qu'un beau rêve de notre imagination ? Oui, car il faut que chacun soit traité conformément à sa justice intérieure ; celui qui sur terre réalise le divin s'élève au-dessus de la nature indifférente, il doit participer à la vie éternelle.

Evidemment Dieu n'est connaissable que dans la mesure et selon les moyens où il a permis que nous puissions le connaître. Les arguments des philosophes ne l'arracheront pas malgré lui à son mystère. Dans cette rencontre voilée de Dieu et de l'esprit humain, Dieu fait les premiers pas, et ce sont les Révélations successives, la primitive, la mosaïque, la chrétienne. Mais Dieu exige le libre effort de l'homme, et il permet à notre raison d'accéder spontanément à deux dogmes principaux : l'existence de Dieu, l'immortalité de l'âme.

L'honneur de l'histoire humaine, c'est, depuis les origines, l'ininterrompue succession des grands penseurs spiritualistes, poètes inspirés comme Orphée, métaphysiciens comme Platon, ou positivistes religieux comme Aristote. Combien de conducteurs de peuples, le plus souvent morts martyrs de la vérité, ont voulu clore leurs yeux charnels à la lumière extérieure pour tendre mieux leur pensée et leur volonté vers l'affirmation de l'Etre primordial et nécessaire, et chercher en lui comme en leur source, la Vie, l'Intelligence, l'Amour ! Ils ont rappelé l'homme à l'humilité de son néant matériel, et à la fierté de son immatérielle destinée. Combien de philosophes sont restés, ainsi que Kant, saisis d'extase au spectacle du ciel étoilé sur nos têtes et de la loi morale dans nos cœurs ! Combien, méprisant les chicanes contre la Bible, ont conclu avec Bonald : « Je laisse l'athéisme « pâlir, sécher sur quelques dates obscures, parce « qu'on veut faire accorder l'écriture de Dieu avec « l'écriture de l'homme, sur quelques faits étonnants « comme si Dieu ne pouvait que ce que peut l'homme... « L'intelligence suprême a dû se servir d'une parole « extérieure et fixée par l'écriture, pour communiquer « ses pensées à la société générale des intelligences « unies à des corps, c'est-à-dire pour se communiquer « elle-même aux hommes. Ce sont là des rapports « nécessaires, dérivés de la nature des êtres. »

A travers les siècles, les voix se répondent pour affirmer nos immortelles destinées. Le positif Aristote observe :

« Ce qui paraîtrait détruire l'intelligence, c'est

« l'alanguissement sénile. Mais la vieillesse de l'intel-
« ligence vient, non pas de quelque modification de
« l'âme, mais de la modification du corps dans lequel
« elle est, comme il arrive aussi durant l'ivresse et les
« maladies. La pensée, la réflexion se flétrissent, *le
« principe même est indestructible.* »

Fénelon reprend la même idée :

« La mort est un simple dérangement d'organes ;
« nos deux natures sont réciproquement indépen-
« dantes, car le corps n'a pas besoin des pensées de
« l'âme pour être mû, et l'âme n'a aucun besoin des
« mouvements du corps pour penser. La fin de leur
« société passagère les laisse opérer chacun selon sa
« nature, qui n'a aucun rapport à celle de l'autre. »

Victor Hugo ajoute :

« La conscience, c'est Dieu présent dans l'homme.
« La liberté de l'âme implique son immortalité. A la
« mort, l'homme finit, l'âme commence... J'ai la foi
« que c'est dans l'infini qu'est le grand rendez-vous.
« Nous nous y aimerons comme sur la terre, et en
« même temps comme au ciel, avec le redoublement
« mystérieux de l'immensité. La vie n'est qu'une
« occasion de rencontre ; c'est après la vie qu'est la
« jonction. Les corps n'ont que l'embrassement, les
« âmes ont l'étreinte. »

L'immortalité de l'âme a pour garant notre aspiration vers l'infini et l'absolu, et l'insuffisance ou l'égarement des rétributions terrestres. Eschyle savait déjà
que « les pénalités d'outre-tombe font la paix des
« dieux ».

Les sophistes ont à la fois voulu nier l'âme et diviniser la matière. D'autre part, les spiritualistes ont souvent mal défendu le dogme de l'immortalité. La théologie chrétienne est ici beaucoup plus efficace que la raison pure, parce qu'à l'idée de survivance elle ajoute celle de résurrection. Voltaire remarque avec bon sens : « Il n'est pas plus étonnant de naître « deux fois qu'une. » Dès lors s'évanouit la principale objection, celle des sommeils de l'âme. Notre immortalité n'est plus basée sur une douteuse continuité de notre énergie psychique, mais sur le pouvoir résurrectif de Dieu.

Ici-bas nous constatons, sans l'expliquer, la mystérieuse connexité de l'âme et du corps ; mais l'âme ne se confond pas plus avec son instrument, le cerveau, que le cerveau lui-même ne se confond avec le café ou le tabac qui l'excitent. Ce ne sont pas quelques centimètres cubes de substance grise qui conçoivent l'univers, l'infini, qui pensent, qui calculent, qui aiment, qui veulent.

Si pour le spiritualiste non chrétien il est troublant de voir l'homme ne pas penser toujours, il est inexpliquable pour le matérialiste de voir l'homme penser quelquefois. Le premier a pour réponse les énergies latentes, toujours capables de repasser de l'état virtuel à l'état actif. Taine lui-même est forcé de proclamer expérimentalement l'indéfinie aptitude de nos sensations à renaître « sans mutilation ni perte, même « à une distance énorme ».

L'obscure mentalité de l'animal ne saurait être

égalée à l'âme libre, à l'intelligence généralisatrice et progressive, à l'intuition religieuse de l'homme. La création est une échelle : l'animal pressent l'homme ; l'homme pressent l'ange.

La création est pleine de mystère. Un impondérable germe transmet du père au fils des atavismes multiples. Ce germe n'est pas plus l'homme moral lui-même, que l'étincelle électrique n'est le sens du télégramme.

La dignité humaine, la sainteté ne se prouvent pas ; elles s'affirment par un acte, une parole. On demandait à un jeune religieux : « Que feriez-vous si vous deviez mourir dans un quart d'heure ? » Il répondit simplement : « Je continuerais. » Parole pleine de la sainteté de toute une vie. Nous mourrons tous dans un quart d'heure, car que sont cinquante années ? Qui y songe ? Et combien cependant oseraient dire sans trembler : « Je continuerais » ?

Ouvrez les Védas et les Kings, écoutez sur tous les points du globe les voix les plus lointaines, et vous conclurez que partout et toujours les plus dignes représentants de l'humanité ont proclamé l'existence de Dieu. Cousin observe :

« Depuis Platon jusqu'à Leibnitz, les plus grands
« métaphysiciens ont pensé que la vérité absolue est
« un attribut de l'Être absolu. La vérité est incom-
« préhensible sans Dieu. Au dernier degré comme à
« la cime de l'être, partout Dieu se rencontre. Loin

« que les sciences détournent de la religion, elles y
« conduisent. »

Mais, au-dessus de cette voix des doctes s'élève
l'immense cri d'adoration et d'amour des foules obscures. L'intuition des humbles vole plus haut que la
raison des sages. Elle découvre les intimes rapports
de l'âme avec Dieu, la volonté cachée qui dirige et
au besoin modifie le jeu normal des lois cosmiques,
enfin les attestations de la vie future accordées par la
Providence aux cœurs droits. Les plus solides pages
du *Génie du Christianisme* sont celles que l'auteur
consacre aux divinations de la conscience populaire.

Mais ni le culte de la nature, ni l'observation de la
loi morale, ni même les révélations individuelles ne
suffisent au besoin religieux de la collectivité humaine.
La nécessité d'une religion positive ressort bien dans
ces paroles de Bonaparte à Monge : « Je regarde cet
« univers si vaste, si compliqué, si magnifique, et je
« me dis qu'il ne peut être le produit du hasard, mais
« l'œuvre d'un Être inconnu, tout-puissant, supérieur
« à l'homme autant que l'univers est supérieur à nos
« plus belles machines. Mais cette vérité est trop suc-
« cincte pour l'homme ; il veut savoir sur lui-même,
« sur son avenir, une foule de secrets que l'univers
« ne dit pas. Souffrez que la religion lui dise tout ce
« qu'il éprouve le besoin de savoir. »

De l'affolement de l'aiguille aimantée faut-il conclure
que le pôle n'existe pas ? De la pluralité des religions
faut-il conclure que la vérité religieuse n'existe pas ?
En réalité, cette pluralité des religions n'est qu'une

manifestation de l'universelle loi de l'effort. Dieu veut être choisi. Indulgent à l'erreur involontaire, il exige en même temps que chaque âme tende au maximum possible de vérité. Et ici tout est gradation. Le protestant est dans la vérité relativement à l'idolâtre ; dans l'erreur relativement au catholique. Nous ne serons point jugés sur ce que nous aurons été musulmans ou chrétiens, mais d'abord sur ce que nous aurons vécu en bons ou en mauvais musulmans, en bons ou en mauvais chrétiens ; ensuite sur ce qu'il nous aura été ou non possible de nous élever de l'islamisme à la loi du Christ.

La vérité religieuse n'est point une amulette, mais une grâce qui nous oblige à plus d'efforts, et nous procure, en retour, une plus haute récompense et des secours particuliers pour l'atteindre. Les tentations sont proportionnées à ces secours. « Derrière la croix se tient le diable, » dit un proverbe espagnol. Aussi voit-on chez les peuples chrétiens, et davantage encore chez les catholiques, de monstrueux crimes et un fréquent athéisme, qui néanmoins ne sauraient prévaloir sur les incalculables bienfaits spirituels, et même temporels, de la vérité religieuse dans une collectivité ou dans les âmes individuelles qui répondent aux avances de Dieu.

La création n'est point un système d'égalité, mais de hiérarchie compensée. L'aveugle, l'infirme peuvent vivre ; l'ignorant peut défendre ses intérêts ; la nature leur accorde des secours succédanés ; cependant la vue, l'instruction restent de grands biens. Il en va de même pour la vie spirituelle. L'idolâtre, l'hérétique possèdent des grâces spéciales, ou sont soumis à des tentations moindres ; mais la vérité catholique n'en demeure pas moins la vraie route vers Dieu. Cette vérité constitue ici-bas le royaume de Dieu, selon l'expression même du Christ. En outre, c'est grâce au foyer central de vérité que des étincelles bienfaisantes jaillissent au sein des religions dérivées. Et peu à peu le foyer central envahit tout. Chaque siècle marque une extension nouvelle du Christianisme.

Déjà, à cet incessant progrès, l'on pourrait présumer quelle religion est la véritable. Cette présomption devient certitude, non seulement pour le catholique qui puise dans les sacrements et les prières de surnaturelles énergies, mais encore pour tout examinateur sincère qui voit les multiples routes de la pensée humaine confluer vers le dogme chrétien. Œuvres, morale, sociologie, tout témoigne de la transcendantale supériorité du Christianisme, hors duquel il n'existe ni bonté efficacement féconde, ni progrès moral, ni civilisation réelle, ni continuité de direction providentielle et de miracles concordants, ni explication acceptable des origines cosmiques et de la destinée humaine.

Les mystères du Christianisme les plus inaccessibles à notre entendement sont cependant le nécessaire aboutissement de la logique inductive. Platon a pressenti en eux le prototype de nos sentiments et de nos idées. Par exemple, la paternité humaine est une image créée d'une éternelle Paternité intradivine. Remarquez ces réflexions d'Erskine sur le dogme de la Trinité :

« Le fait abstrait qu'il existe une pluralité dans
« l'unité divine ne s'adresse réellement ni à notre in-
« telligence, ni à nos sentiments, ni à notre conscience.
« Mais l'obscurité du dogme se dissipe, du moins en
« ce qui concerne son but moral, quand il nous est
« annoncé en ces termes : *Dieu a tant aimé le*
« *monde, qu'il a donné son Fils unique afin que*
« *quiconque croirait en lui ne périt point* — ou en
« ces termes-ci : *Mais le Consolateur qui est le Saint-*
« *Esprit, que le Père enverra en mon nom, vous ensei-*
« *gnera toutes choses.* — Notre ignorance métaphy-
« sique de l'Essence divine n'est sans doute pas
« diminuée ; mais notre ignorance morale du carac-
« tère divin est éclaircie, et c'est là ce qui nous
« importe. »

M. Auguste Nicolas observe justement que les mystères ont deux faces : l'une tournée vers nous, c'est leur *pourquoi,* l'autre que nous ignorons, c'est leur *comment.*

Le P. Gratry remarque :

« Dieu étant Un nécessairement, est-il possible, d'un
« autre côté, que Dieu ne soit qu'un effroyable soli-
« taire vivant dans un égoïsme infini ? Il faut donc,
« dans cette Unité, une société qui permette à saint

« Jean de dire : « Dieu est amour. » Plusieurs en un,
« c'est le rêve de l'amour poussé à l'infini. »

Victor Cousin, au nom de la philosophie rationnelle,
ajoute :

« Une unité qui ne se développerait pas en pluralité
« ne serait qu'une unité abstraite. Mais pour arriver à
« cette conception de l'unité divine (la Trinité), il
« fallait à la philosophie le Christianisme. »

Leibnitz dissocie dans le dogme trinitaire les éléments qui, à un examen superficiel, paraissent contradictoires :

« Lorsqu'on dit que le Père est Dieu, que le Fils
« est Dieu, que le Saint-Esprit est Dieu, et que cepen-
« dant il n'y a qu'un seul Dieu, il faut juger que le
« mot Dieu signifie tantôt la *Substance divine,* tantôt
« une *Personne* de la Trinité. »

Vérité intellectuelle, vérité sentimentale, le Christianisme apparaît encore vérité morale et sociologique.
J.-J. Rousseau écrivait :

« L'Evangile n'a besoin que d'être médité pour
« porter dans l'âme l'amour de son auteur. On n'en
« quitte point la lecture sans se sentir meilleur qu'au-
« paravant. »

L'Apologétique et la Théologie ne sont pas ces
sciences figées dans le passé qu'imaginent les incroyants et aussi, hélas ! de nombreux catholiques.
Après le cardinal Newman, M. Brunetière indique
le caractère à la fois fixe et progressif des dogmes.
Ils constituent pour notre entendement cette évolution
d'un identique qui est une des grandes lois de l'uni-

vers. Après les Apôtres et saint Paul, les Jérôme, les Anselme, les Thomas d'Aquin, les Suarès, les Ligori, les Bossuet, l'innombrable lignée des Docteurs et des Pères révèlent peu à peu les aspects divers de la vérité une en soi.

Les esprits et les cœurs ne sont pas touchés tous par la même démonstration. Chaque époque a sa direction particulière en apologétique. Le xviie siècle, avec Bossuet, Fénelon, Pascal, s'occupa presque exclusivement du point de vue historique et du point de vue philosophique. Aujourd'hui nous empruntons davantage nos arguments à la philologie, à la sociologie, aux sciences expérimentales, sans méconnaître cependant les démonstrations rationnelles qui restent toujours la base d'une Apologétique efficace.

IV

Les conquêtes de l'Eglise.

« A qui, remarque Louis Veuillot, la Révolution
« a-t-elle surtout profité ? A l'Eglise, que les révolu-
« naires voulaient surtout détruire. L'Eglise n'a plus
« les dehors de l'éclat et de la puissance, mais elle en
« a davantage la réalité. »

Malgré le matérialisme pratique, les routines théologiques, les malentendus sociaux qui ont écarté de la
religion tant de Français, on peut compter d'abord la
France parmi les conquêtes de l'Eglise au XIXᵉ siècle.

Il s'ouvre magnifiquement par le Concordat. A l'extérieur, la France continue, bon gré mal gré, les Croisades. Elle a porté les plus terribles coups à l'Islam et
au Bouddhisme. Napoléon Iᵉʳ dompte l'Egypte ;
Charles X et Louis-Philippe, l'Algérie ; Napoléon III
porte le fer au cœur de la Chine ; la République
actuelle conquiert et civilise l'Annam, le Tonkin, la
Tunisie, le Dahomey, Madagascar, et entame la puissance du Maroc, dernier refuge de la barbarie dans le
nord africain. Au Japon, nos instructeurs militaires
continuent l'œuvre des missionnaires. Ce pays, si

faussement représenté comme athée, nous est révélé comme très religieux par le général Meckel qui a tant contribué à l'armer. Non seulement la population restée sintoïste pratique avec zèle cette forme inférieure de l'esprit religieux, mais les troupes nipones comptent beaucoup d'officiers et de soldats chrétiens ; le mikado y accrédite des aumôniers.

A l'intérieur, l'Eglise de France s'auréole d'une multitude d'œuvres et de vocations religieuses. Que d'évêques illustres, de saints, de missionnaires martyrs ! Que d'ordres monastiques rajeunis, et de voies neuves ouvertes à l'apostolat ! Quelle pléiade de chrétiens sortie du sépulcre où le XVIII° siècle semblait avoir enfermé le christianisme !

C'est depuis le XVI° siècle que l'Eglise voit pleinement réalisées ses promesses d'universalité. Le christianisme, d'abord palestinien, puis romain, puis européen, est désormais mondial. A mesure que le globe se civilise, il se christianise. En suscitant un Colomb ou un Fulton, la Providence eut d'autres visées que d'habiller les Sioux à la mode de Paris. Depuis le milieu du XIX° siècle, voici partout répandue la semence évangélique.

Londres, du fond de sa cathédrale de Saint-Paul, prodigue aux derniers Gentils une doctrine, incomplète sans doute, mais qui finira par faire place au plein jour, irradié de la chaire de saint Pierre. Car, en même temps que le christianisme général se répand, l'unité catholique y triomphe progressivement des sectes émiettées.

Jamais l'influence spirituelle de la papauté ne fut aussi prépondérante qu'aujourd'hui, même parmi les nations hérétiques. Il n'est pas jusqu'au sultan qui n'ait contribué à enrichir de dons somptueux la basilique de Saint-Paul-hors-les-murs. (Vocable vraiment symbolique !) Le czar, l'empereur d'Allemagne, le roi d'Angleterre, le président des Etats-Unis rendent des hommages à Rome. Si la rage du démon s'acharne davantage sur les vieux peuples catholiques, si la France et l'Italie, ces deux foyers de l'apostolat et de la sainteté, refusent aujourd'hui de s'incliner officiellement devant le Vicaire du Christ, au fond ces pays n'en restent pas moins imprégnés de la parole divine.

En 1793, un orateur révolutionnaire appelait le pape « l'insignifiant évêque de Rome ». Six ans plus tard, Napoléon recommandait à un ambassadeur de le traiter comme s'il avait deux cent mille soldats ; mais la persécution contre Pie VII allait prouver bientôt combien la protection accordée à l'Eglise était précaire. Les États étrangers n'étaient guère mieux disposés. A la fin du XVIIIᵉ siècle, la Russie et l'Angleterre opprimaient encore violemment les catholiques. En Autriche, Joseph II mettait en pratique gouvernementale le voltairianisme. Tous les Bourbons d'Europe avaient, à la suite de Louis XV, expulsé ou emprisonné les Jésuites. Leurs merveilleuses Réductions du Paraguay étaient anéanties par la persécution hispano-portugaise de Pombal et d'Aranda. L'évangélisation de l'Asie et de l'Afrique était paralysée totalement par la proscription des missionnaires en Europe.

Aujourd'hui, quelle résurrection ! Il n'est plus une île des mers australes où la parole du Christ n'ait retenti. A Alger, Notre-Dame d'Afrique règne sur le mystérieux continent noir, que pénètrent partout les missionnaires. Les grandes villes de la Chine et de l'Inde possèdent leur cathédrale, leur vicariat apostolique. Chaque année marque un recul moral ou matériel de l'Islam et du Bouddhisme. Rien presque ne survit du paganisme. Les Parlements démocratiques de l'Australie ouvrent leurs sessions par une invocation à l'Esprit-Saint. Le Congrès des religions à Chicago confia sa direction aux évêques catholiques ; les bonzes, les rabbins, les musulmans s'associèrent à la récitation solennelle du *Pater*. L'Amérique entière est désormais christianisée, et le catholicisme, presque sans rivaux dans le sud-américain, gagne sans cesse aux États-Unis ce que fait perdre à l'hérésie l'émiettement des sectes. Les établissements épiscopaux sont protégés officiellement, et là peu d'indifférence et nul respect humain chez les fidèles. L'université de Washington est un centre d'intellectualité catholique aussi florissant que ceux du Canada. La république mexicaine adresse à nos ordres religieux d'incessants appels, de même que les républiques sud-américaines.

Est-ce cette exubérante terre d'Amérique qui fournira aux âmes du vieux monde la greffe nécessitée par le phylloxéra rationaliste ? On sait le bruit occasionné par le P. Hecker et ses Paulistes. Rome a sagement réprimé là divers excès, nés de l'indépendant esprit des anglo-saxons. Néanmoins les admirables évêques des Etats-Unis ont su, mieux que les nôtres, arracher décidément la théologie à la routine scolastique et au virus janséniste, pour la ramener dans les larges et intuitives voies tracées par les Pères grecs. De même que les saint Clément et les saint Irénée, les prélats et les missionnaires nord-américains enseignent que ce n'est point le démon, mais Dieu, qui inspirait les grands philosophes spiritualistes nés au sein des paganismes antiques, et que le salut est possible à tous les hommes, quel que soit leur milieu religieux, pourvu qu'ils fassent effort vers la vérité et la justice, dans la mesure où la grâce les y convie.

Là souvent où les théologiens de cabinet n'ont voulu voir que des ronces, la Providence faisait éclore de merveilleux fruits spirituels. Ainsi, soit par l'immense diffusion du christianisme général, soit par l'affaiblissement des hérésies au profit de l'intégralité catholique, soit enfin par des courants humanitaires ou philosophiques, déviés en apparence, mais qui conflueront un jour dans l'établissement du royaume de Dieu sur la terre, le XIXe siècle, réparateur du XVIIIe, aura été l'une des grandes époques religieuses, et le promoteur de la définitive évangélisation du globe.

V

Les miracles de Lourdes

> Et quel temps fut jamais plus fertile en miracles ?
> Auras-tu donc toujours des yeux pour ne point voir,
> Peuple ingrat ?
>
> RACINE.

Le satanisme est fort évident à une époque où les prisons reçoivent, au lieu des entrepreneurs de prostitution, les moines coupables de prier en commun, et où la charité elle-même devient un délit. Cependant, bon gré mal gré, la France officielle continue les croisades contre le Bouddhisme ou l'Islam ; en outre, le surnaturel divin se manifeste à l'intérieur par des séries de prodiges, dont les plus frappants, grâce à leur diversité concordante, sont ceux de Lourdes.

Nos athées de laboratoires, qui se passent d'une Intelligence créatrice pour expliquer l'origine de l'univers, ne sont pas plus embarrassés devant les miracles : « Ces phénomènes procèdent de forces « naturelles encore ignorées. » C'est là confondre l'inexploré avec l'antinomique. Le xxvᵉ siècle pourra connaître dix fluides dont nous n'avons aucune idée ;

mais il ne verra point sans miracle l'eau reconstituer une vertèbre disparue, rallonger un pied bot, guérir un aveugle. Or, de pareils faits, il existe à Lourdes quelques centaines d'exemples.

Lourdes, à vrai dire, n'a ressuscité aucun mort, ce dont les scientistes eussent triomphé par la léthargie. Mais les théologiens établissent une loi de proportion entre l'intensité du surnaturel et les besoins d'une époque. « Les grands signes, écrivait saint Paul, sont « pour les infidèles. » Aux contemporains de Moïse il fallut de plus indiscutables prodiges pour accréditer la Loi qu'aux contemporains des Macchabées. Le paganisme romain exigea des attestations du Christianisme plus éclatantes que n'en requiert notre époque dont l'éducation, malgré tout, reste chrétienne.

Néanmoins l'endurcissement du Pharaon ne saurait étonner quiconque médite sur l'attitude de l'incroyance actuelle à l'égard de Lourdes. Oh ! le ciel est bien vaincu par la liberté de l'homme ! L'amour échoue bien devant l'orgueil ! L'aventure serait vaudevillesque si elle n'était épouvantable.

Au début des apparitions, la gazette anticléricale de Lourdes persifle semblables niaiseries ; un gendarme explique qu'il s'agit d'une affection cérébrale. Mais aucun caractère morbide n'est constaté chez Bernadette ; sa sincérité éclate aux yeux du procureur. Le commissaire essaie vainement de la surprendre en contradiction ; elle rétablit l'exactitude de chaque détail.

Le clergé demeurait sceptique. Seul le curé implora

une certitude, quelque attestation miraculeuse. Le
lendemain jaillit une source à la place que Bernadette
avait indiquée. Elle coule toujours, intarissable. Les
athées ne manquèrent point d'objecter que dans les
Pyrénées une cascade nouvelle devait peu surprendre.
Advient la première guérison, celle d'un carrier de la
ville, depuis dix ans aveuglé par un éclat de pierre : —
C'est que cette source possède quelque vertu curative ;
nous sommes proches de Cauterets, riposte le journal.
Mais, outre que les stations thermales ne guérissent
point les aveugles, une analyse officiellement faite à
Tarbes ne révéla aucun élément anormal dans la
source. Un jour, toutes les explications matérialistes
du début devaient paraître bien ridicules, en présence,
non seulement des milliers de catholiques, mais des
protestants, des musulmans, des bouddhistes même,
guéris par quelque invocation à Lourdes.

Le journal avait déclaré que, le surnaturel étant
impossible, il ne s'occuperait plus de cette sotte
histoire. Cependant Bernadette continuait de voir la
Vierge. Elle ne l'avait d'abord point connue ; elle
l'appelait *uo petito damizello,* et redoutait même quelque prestige démoniaque, jusqu'au jour où Marie se
nomma, lui demandant de revenir. La bergerette
revint. Dix-huit fois une force invincible l'attira vers
Massabielle, malgré les menaces policières, les suppli-
cations de sa famille inquiète des gens de justice. La
foule maintenant l'accompagnait et considérait ses
extases. La transfiguration de ses traits agenouillait
de vieux athées. Puis une tristesse passait sur elle ;

la Vierge venait de prédire les malheurs de l'ingrate France. Prophéties depuis lors trop réalisées, et que l'orgie impériale réentendait à l'heure des événements d'Italie, tel que le voltairianisme de Louis-Philippe les avait perçues à La Salette.

Six cents personnes assistaient aux phénomènes dont l'extase de Bernadette s'accompagnait ; croyants, sceptiques, gens de toute sorte. Le jour où la voyante demeura un quart d'heure la main traversée par la flamme d'un cierge auquel elle n'avait pas pris garde, plusieurs médecins l'entouraient ; le docteur Douzous constatait, à chaque extase, l'absence de fièvre ou de dépression, l'irréductibilité du phénomène à un cas cataleptique.

Ce qui réfute toute explication scientifique de Lourdes, c'est la multiplicité variée de ces faits et leur finalité unique. Or, il faut y ajouter les miracles subséquents, si nombreux, si divers, si probants, que, lus dans une chronique ancienne, ils feraient hausser les épaules au rationalisme historique. Vraiment il est terrible de penser que les impies se rassurent, et que certains catholiques se scandalisent, parce que, Dieu sauvegardant la liberté du mal, ils opposent à cette accumulation de surnaturel quelques réclames déplacées ou l'aventure d'un faux estropié qui dupa la charité publique.

Zola a parlé décemment de Lourdes. L'enfantillage de son recours à l'avenir pour naturaliser les prodiges, n'a pas empêché ce Latin qui bâtit à gros blocs, de magnifier les pèlerinages nationaux. Mais,

pour approfondir l'histoire de Lourdes, il faut ajouter
au livre de Lasserre et à quelques monographies sur
les débuts, l'exposé des *Grands Miracles* par le docteur Boissarie. On y constate quelle mince place
tiennent les maladies nerveuses en regard des subites
guérisons d'estropiés, de cancéreux, de tuberculeux,
de coxalgiques, d'aveugles. Plusieurs infirmes furent
guéris à distance par les prières de leurs amis à la
grotte. Mais les plus grands prodiges sont encore les
conversions et la multitude des grâces morales.

Intentionalité manifeste, sainteté du but, dignité des
moyens, à ce triple critère la théologie distingue le
vrai miracle de la coïncidence fortuite ou du prestige
démoniaque. Or, comment nier la Volonté invisible
qui réunit au même point de l'espace et du temps de
si variés prodiges ? Comment attribuer à l'Esprit du
mal l'un des plus intenses foyers de *régénération*
spirituelle ? Enfin, non seulement Bernadette apparaît
initialement digne de la faveur céleste, mais, à l'inverse
du pâtre de La Salette, elle vécut en sainte, acceptant
les plus humbles besognes du monastère où elle
mourut. Zola s'irrite de l'apparente dureté des
religieuses. Il eût préféré sans doute qu'un barnum
promenât la voyante en Amérique !

Cité prédestinée, cette Lourdes. Le culte de l'Imma-
culée Conception, populaire dans le Midi longtemps
avant le décret du Vatican, n'était nulle part plus
qu'ici célébré au Moyen Age. Les échevins sans cesse
ordonnent les récitations du chapelet ; mainte confrérie
se fonde en l'honneur de Marie. Un terrain se prépa-

rait pour cette fleur de souffrance que fut la douce pauvresse à qui la Vierge disait : « Je ne vous promets « pas de vous faire heureuse en ce monde, mais dans « l'autre. »

(Extrait des *Routes d'Arles.*)

VI

La prédication efficace.

Placez un Français, un Italien et un Anglais de croyance égale en présence d'un miracle douteux, par exemple une lampe réputée inextinguible : le Français feindra le respect de peur de scandaliser ; l'Italien se prosternera dans un élan d'amour envers le saint, puis tâchera de le mettre dans ses intérêts ; l'Anglais soufflera sur la lampe et articulera posément : « no » ou : « yes ».

Le geste d'aucun des trois n'est inutile, mais sera représenté dans l'acte universel de l'adoration au Créateur. L'Anglais a le droit de contrôler le miracle ; l'Italien fait mieux en élançant son cœur ; le Français aura raison de populariser la constatation du miracle et d'interdire le sanctuaire aux mécréants s'ils s'obstinent. Chaque rôle spécialise une de nos facultés : intelligence, amour, volonté.

Le rôle du Français est adéquat à tous les temps. La France fournit la plupart des missionnaires ; elle a provoqué les Croisades et les continue politiquement. L'attitude de l'Italien correspond mieux aux époques de grande foi. Celle de l'Anglais s'adapte aux nécessités actuelles.

Devant la dégénérescence religieuse de l'Europe, les apôtres d'avant-garde déclarent qu'à ce phylloxéra des âmes il faut une greffe anglo-saxonne. Oui ; mais à la condition de poursuivre l'image, et d'enter sur cette rude sève les délicatesses helléno-latines. Ainsi opéra l'Église sur la mentalité des Barbares.

Sous cette réserve, il est indiscutable que l'apostolat européen doit revêtir une forme positive. La rhétorique de Lacordaire ne suffit plus. L'exemple est parti de l'Angleterre avec sa réaction expérimentale contre le sensualisme de Locke et contre l'exégèse rationaliste. En même temps, l'Amérique et l'Australie opéraient l'alliance de la foi religieuse avec la démocratie moderne. Attendons le jour prochain où la vérité catholique vitalisera davantage les sociétés anglo-saxonnes ; déjà rayonne par tout le globe la tiare du successeur de Pierre.

En France, il faut le crier, tout reste à faire. Nous n'avons pris aux anglo-saxons que l'accessoire ou le mauvais de leur modernisme, les agences Cook et l'égoïsme darwinien. Tâchons de sélectionner et d'améliorer leurs formules. Oui, l'homme doit être individualiste, mais en ce sens que ses notions religieuses lui permettront d'interroger solitairement l'infini, sans trembler ni se rassurer faussement. Pour le reste, il doit être solidariste, c'est-à-dire charitable.

Le premier emprunt à faire aux anglo-saxons, c'est la conciliation de la science et de l'industrie avec la vérité religieuse. Le scientiste qui substitue au Créateur ses alambics représente un ridicule presque spécial à Paris. Lorsque fut inauguré entre Londres et la France le téléphone, le lord-maire répondit à une banale politesse officielle par le premier verset de la Genèse. La France dénature aussi l'idée du « sens pratique ». Puisse l'oblitération d'âme qui s'est appelée chez nous « le bon sens » dormir dans la tombe de Sarcey ! Et sachent nos enfants pénétrer la barbarie africaine avec une bible et une cognée ! Mais que le christianisme intégral les rende respectueux de la vie ! Malgré les partielles férocités des hidalgos et en dépit du pharisaïsme luthérien, il reste cinq millions d'indigènes dans l'Amérique catholique, et soixante mille à peine dans la protestante. Le Canada offre un cas de la moralité et de la prospérité résultant de l'alliance des énergies anglo-saxonnes avec les délicatesses latines et la vérité catholique.

Empruntons moins à l'Angleterre son utilitarisme que ses protestations contre l'utilitarisme. « Presque « toute la littérature anglaise contemporaine, observe « M. l'abbé Delfour, respire un ardent idéalisme qui « inspire de nobles accents aux Carlyle, aux Browning, aux Tennison et aux Ruskin. Walter Scott « avait pleuré le premier sur la disparition de l'esprit « chevaleresque et sur le mépris dans lequel était « tombée la pauvreté. »

Avant tout, ce que nous devons emprunter aux anglo-saxons, c'est un *self-control* applicable à la spiritualité. Admirables comme efforts subjectifs, les œuvres d'apostolat dans la France contemporaine demeurent stériles. Au lieu de fortifier l'organisme, on engourdit le malade par des médications extérieures que vite il repousse. Les patronages, les écoles libres représentent un excellent accessoire, mais un accessoire. Avant de conquérir les volontés, pénétrez les intelligences. L'autorité doit rester le régulateur ; elle ne saurait plus être le moteur.

Les prêtres que préoccupe l'évangélisation de la France s'accordent sur deux points : les prodiges de compréhension obtenus du peuple dès qu'on rationalise le dogme ; la défectuosité des méthodes habituellement employées.

La primordiale réforme qui s'impose est la rédaction de catéchismes *régionaux* et *inductifs,* où l'on tienne compte, comme faisait saint Paul, des aptitudes différentes des races, mais où surtout l'on ne commence pas par demander : Êtes-vous chrétien ? à des enfants chez qui l'ambiance a aboli jusqu'au sens des réalités invisibles !

Ensuite, la prédication orale ou écrite devient, *selon ses forces,* le devoir impérieux de tout prêtre, de tout religieux, *de tout chrétien.* Il faudrait créer une confrérie qui fît pour l'âme du peuple ce qu'a fait pour ses besoins matériels la confrérie de Saint-Vincent de Paul. Le succès du P. Hecker et de ses Paulistes aux États-Unis prouve la nécessité actuelle des francs-tireurs de la foi ; ce n'est d'ailleurs pas une raison pour supprimer les vieux corps de troupes, démolir les cloîtres, et opposer à de prétendues vertus actives —

elles le sont toutes — une passivité qui est chez certains moines, non zèle égaré, mais tiédeur.

La première tâche de la confrérie nouvelle serait la
fondation et la diffusion gratuite, jusque dans les derniers villages, d'un journal hebdomadaire, illustré,
anecdotique, et dont la tendance fût moralisatrice et
apologétique, non mesquinement polémique. Journal
anti-janséniste, qui combattrait la haine et non l'amour,
montrerait en Dieu la source et l'aboutissement de cet
amour, conduirait tout chrétien soit au séminaire soit
au mariage, et, au lieu d'abêtir le peuple par des
niaiseries, lui révélerait les affinités de la religion avec
la vérité scientifique, artistique et philosophique.

Exemple sommaire d'une apologétique inductive :

1° — La *possibilité d'une surnature* ne constitue
pas une hypothèse absurde : Idée chez tous les peuples
d'une Divinité et d'une survivance de l'âme. — Concordance des plus anciennes traditions (Védas, Grèce,
Amérique indigène, etc...). — Tous les grands penseurs affirment Dieu et l'âme (Confucius, Platon,
Aristote, Kant, etc...). — Les grands initiateurs des
sciences modernes (Newton, Cuvier, Laplace, Ampère,
Pasteur, etc...). — Les plus nobles esprits contemporains (Chateaubriand, Hugo, Lamartine, etc...).

2° *Vraisemblance rationnelle d'une surnature :*
Nécessité d'un premier couple et d'une source de la
vie extérieure au monde. — Nécessité d'une cause

créatrice et *organisatrice*. — L'Esprit a pu produire
et organiser l'univers ; la matière n'a pu produire
l'Esprit ni s'organiser. — Preuves classiques de l'existence de Dieu. — Imbécillité du transformisme, et
fausseté constatée de la génération spontanée. —
Preuves classiques de l'immortalité de l'âme. — Pres-
sentiments psychologiques d'un infini. — Insuffisance
ou égarement des rétributions terrestres. — Autonome
affirmation de la loi morale (l'impératif catégorique de
Kant).

3º *Faits expérimentaux attestant la réalité d'une
surnature :* la Providence *cosmique* (origine, persistance et régularité des corps et des mouvements sidé-
raux ; équilibre de la vie ; loi des proportions numé-
riques, etc...). — La Providence *morale* (tout sacrifié
à la mise en valeur de la volonté humaine ; pour cela
utilité de la douleur, de la mort). — La Providence
spirituelle (réalité scientifique des phénomènes
surnormaux ; diversité modale et concordance finale
dans les groupes de miracles, tel celui de Lourdes).

4º *Transcendance du phénomène judéo-chrétien :*
Croyance générale aux anticipations intellectuelles. —
Le Messianisme universel. — Le prophétisme spécial
d'Israël. — Centralité de la manifestation personnelle
de Dieu aux hommes (la Révélation primitive ; la
Révélation mosaïque). — Insuffisance du rationalisme
devant le problème de la mission du Christ. — Frac-
tionnement modal et unité finale des prophéties et des
évangiles. Le phénomène sans analogies de l'Église
chrétienne. — Les autres religions diminuent la vérité

religieuse ou la morale. — Vitalité, progrès et unité dans la doctrine et les œuvres *catholiques*.

Ce plan préliminaire n'est ni complet ni définitif. Il peut servir d'indication pour la base d'une apologétique expérimentale.

La fausse certitude du matérialiste ébranlée, il faut troubler la fausse sécurité de l'impie.

Eschyle avait raison : les pénalités d'outre-tombe font la paix des dieux. Interminablement elles compensent, sans pouvoir l'effacer, la révolte du pécheur mort en refusant le pardon offert. Dès lors, devant l'importance d'une immortalité irrévocable, toute valeur des biens ou des maux terrestres s'abolit. La damnation d'un homme est une catastrophe autrement terrible que tous les cataclysmes astraux. Nous ignorons toutefois l'exacte réalité de l'enfer, et dans quelle mesure on peut l'immatérialiser avec Milton ou le matérialiser avec Dante, l'intensifier avec Bossuet ou l'atténuer avec Lacordaire. Nous entrevoyons par les séparations terrestres quelle épouvantable torture peut constituer un éternel éloignement de Dieu connu. Quant aux tourments positifs, il serait fort téméraire de les suspecter, en présence, non seulement d'une croyance universelle et de l'interprétation commune des textes sacrés, mais encore des cas de possession démoniaque, des révélations faites aux exorcistes actuels, du naturel instinct de torture chez l'enfant et le sauvage, enfin de certaines stigmatisations et brû-

lures constatées par la science hypnotique et que la
volonté de l'hypnotiseur semble très incapable de
produire sans une intervention ignorée de lui. Les
attaques démoniaques contre le curé d'Ars et d'autres
mystiques contemporains constituent des faits de
notoriété publique. Si les esprits des ténèbres pren-
nent contre les saints ce pouvoir physique accidentel,
avec quelle terreur doit-on envisager le sort des âmes
qui refusent d'être auprès de Dieu dans l'éternité !
L'Apologétique nouvelle doit réagir contre le rigo-
risme médiéval, mais sur le nombre des damnés
plutôt que sur leur sort. Toutefois, de même que nous
ignorons le rapport vrai de notre Beau matériel à
l'absolu esthétique, ainsi nous ignorons le rapport
exact (soit réel soit représentatif) de nos souffrances
corporelles aux tourments des réprouvés.

Le Ciel est la stabilité dans le bonheur, après une
épuration de l'âme. Que dire, après tant de théologiens, de philosophes ou de poètes, sur l'élancement
de la pensée et de l'amour vers le centre absolu du
Beau et du Bien ? Avec Bernardin de Saint-Pierre,
considérons « qu'à la mort toutes les jouissances d'un
« être moral commencent les récompenses des vertus
« et des moindres actes de justice ou d'humanité,
« dédaignés du monde, mais qui nous ont en quelque
« sorte rapprochés sur la terre de l'Etre juste et
« éternel. »

Délestée de la matière et affranchie des égoïsmes, l'âme s'élance, radieuse, à jamais extasiée, vers son principe et son irremplaçable fin. Non, elle n'avait pas vainement souffert, lutté, prié ! Ni vainement affronté l'inquiète raillerie du cynique ; ni pressenti vainement, comme dans le vieux mythe orphique, que c'est à l'avenir qu'il faut redemander les morts. Ni vainement possédé en germe l'idée du Beau, l'idée d'une Vérité absolue, l'idée du Bien. Ni vainement compris que les milliards d'astres constituent une somme de création inférieure au moindre élan d'une pensée humaine, surtout d'un cœur. Ni vainement demandé aux liturgies de changer en appui moral le symbolisme de l'indifférente matière ; aux dogmes des religions et de la Religion de nous luire comme des étoiles ou comme un soleil.

Notre granit et notre marbre, nos inscriptions lapidaires et nos pyramides, nos statues et nos éditions définitives périront ; mais tout cela, qui ne contient pas l'immortalité, atteste l'aspiration de l'homme à toujours être, à se soustraire au temps pour entrer dans la sphère de l'éternel.

L'apologiste contemporain devra insister sur la *gradation* rétributive. Le monde moral, comme l'univers physique, substitue à notre préjugé égalitaire la hiérarchie. Ce fait, si aisément constatable, renferme la réponse à diverses objections actuelles. Il y faut joindre le principe d'une double source rétributive : salut gratuit donné par la Miséricorde, récompense accordée par la Justice.

« Circumdata varietate », chante l'Église. Variété, gradation dans l'indestructible jardin des âmes. Une symphonie éternelle des intelligences et des cœurs ; les rythmes terrestres la présagent, Platon et Pythagore l'ont soupçonnée. Il n'y aura plus qu'un temps pour adorer, un temps pour se réjouir, un temps pour aimer. « Toutes les larmes seront séchées » ; la joie sera si pleine que ni yeux ni oreilles ne la peuvent entrevoir, nous dit l'Apôtre. Vraiment c'est à une telle intensité que l'âme aspire ; rien ne la peut à demi satisfaire ; seul l'horizon éternel l'explique. L'enfer attend ceux dont l'égoïsme souhaite le néant, ou dont l'orgueil cherche hors de Dieu sa rétribution. Mais rien de ce qui fut élan désintéressé, frisson surhumain, amour illimité ne sera déçu.

Froment ou ivraie, « le moissonneur de l'éternel été » laisse ici-bas le même vent secouer vos tiges. Pourtant il faudra que l'une sèche et soit brûlée, et que dans la gloire estivale l'autre mûrisse. La semence de l'âme peut devenir à son gré froment ou ivraie. Mais cette liberté a besoin de la grâce, comme le germe végétal a besoin du soleil. Deux axiomes théologiques se révèlent aux convertis par l'expérience : la *distinction absolue de l'ordre naturel et de l'ordre surnaturel,* puis l'*impossibilité de s'élever de l'un à l'autre sans le secours divin.* « Les voies de l'homme ne sont pas en son pouvoir. » Quelque force que vous supposiez à un quadrupède, un oiseau s'élèvera au-dessus de lui. Nos élans intellectuels sont des voies possibles vers le divin ; seules les œuvres et la prière, sources de la grâce, donnent des ailes jusqu'à Dieu. Il faut frapper à la porte de l'ordre surnaturel avec une inlassable patience. Mais, le seuil franchi, vous vivrez dans un continuel miracle, intérieur ou sensible. La notion du temps s'abolira ; les soucis matériels vous seront diminués, s'il le faut pour dégager votre prière ; chaque vœu raisonnable de votre cœur sera exaucé, à moins que l'égoïsme ne vous rejette dans la nature, ou que momentanément Dieu ne vous y replonge afin de retremper le désir, la reconnaissance, l'humilité. Vous aurez connu que les réalités visibles ne limitent pas plus l'existant, que l'horizon ne termine le globe.

(Extrait de la *Vérité religieuse.*)

TABLE DES MATIÈRES

1415-06. — Imp. des Orph.-Appr., F. Blétit, 40, rue La Fontaine, Paris.

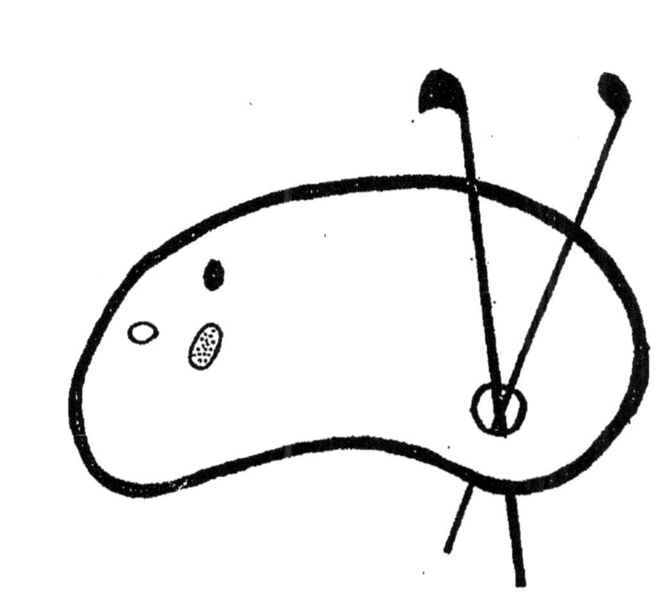

ORIGINAL EN COULEUR
NF Z 43-120-8

www.ingramcontent.com/pod-product-compliance
Lightning Source LLC
Chambersburg PA
CBHW051133050726
47594CB00003B/1079